**Para Sarah Hart, que construye
«castillos» para el reino.**
R. C.

**Para mi madre, la Reina de los Tazones,
y a la memoria de mi querido padre,
el Rey de las Tijeras de Mango Naranja.**
T. F.

Traducido por Elena Gallo Krahe

Título original: *The Castle The King Built*

Publicado por primera vez en inglés en 2020 por Nosy Crow Ltd.
The Crow's Nest, 14 Baden Place, Crosby Row, London SE1 1YW
www.nosycrow.com

© Del texto: Rebecca Colby, 2020
© De las ilustraciones: Tom Froese, 2020
© De esta edición: Grupo Editorial Luis Vives, 2021

ISBN: 978-84-140-3061-5
Depósito legal: Z 860-2020

Impreso en China

Todos los derechos reservados. Cualquier forma de reproducción, distribución,
comunicación pública o transformación de esta obra solo puede ser realizada
con la autorización de sus titulares, salvo excepción prevista por la ley. Diríjase a CEDRO
(Centro Español de Derechos Reprográficos) si necesita fotocopiar o escanear algún
fragmento de esta obra (www.conlicencia.com; 91 702 19 70 / 93 272 04 47).

Rebecca Colby • Tom Froese

EN EL CASTILLO DEL REY

ideaka
EDELVIVES

Estos son los albañiles,
cortando bloques de piedra.

Para proteger el fuerte,
levantan muros y almenas...

en el castillo del Rey.

Los carpinteros trabajan con serruchos y maderos.

Hacen mil cortes a diario y otros tantos agujeros...

en el castillo del Rey.

Con su yunque y su esmeril,
aquí está el maestro herrero,

experto en forjar metal
y en afilar el acero...

en el castillo del Rey.

Los mozos de cuadra llevan sacos de avena y centeno.

Alimentan los caballos y les cepillan el pelo...

en el castillo del Rey.

Los caballeros son diestros en el arte de la lucha.
Se entrenan en los torneos con escudos y armaduras...
en el castillo del Rey.

También se ven mercaderes vendiendo telas y especias.

Exhiben sus mercancías, cantan precios, vociferan...

en el castillo del Rey.

Los panaderos emplean leche, miel, huevos y harina,

hacen la masa y preparan mil delicias en cocina...

en el castillo del Rey.

Aquí se ve a los sirvientes presentando cada plato.
Sirven carne de venado, perdices, fruta y pescado...

en el castillo del Rey.

Y no faltan los juglares,
que tocan junto a la hoguera.

Usan la flauta, el tambor,
templan la lira y rasguean...

en el castillo del Rey.

Este es el Rey: con su espada,
va a nombrar un caballero.

El Rey gobierna sus tierras
y es protector de su pueblo...

... en el castillo que TODOS con sus manos construyeron.

Albañil

Carpintero

Herrero

Mozo de cuadra

Caballero

Mercader